JN425058

낮은 무게중심의 말

리토피아
LITERATURE & UTOPIA

리토피아포에지・61
낮은 무게중심의 말

인쇄 2017. 6. 15 발행 2017. 6. 20
지은이 강문출 펴낸이 정기옥
펴낸곳 리토피아
출판등록 2006. 6. 15. 제2006-12호
주소 402-814 인천 남구 경인로 77
전화 032-883-5356 전송032-891-5356
홈페이지 www.litopia21.com 전자우편 litopia@hanmail.net

ISBN-978-89-6412-082-8 03810

값 9,000원

이 도서의 국립중앙도서관 출판예정도서목록(CIP)은 서지정보유통지원시스템 홈페이지(http://seoji.nl.go.kr)와 국가자료공동목록시스템(http://www.nl.go.kr/kolisnet)에서 이용하실 수 있습니다. (CIP제어번호 : CIP2017012977)

강문출 시집

낮은 무게중심의 말

리토피아
LITERATURE & UTOPIA

시인의 말

지난겨울,
옷에 떨어진 눈을 보고
그것이 녹아 물이 되는 것을 보고
늦봄에
눈물을 생각했다

누가 여기다 나를 심었을까?

나는
눈물로 키울 수 있는 것이
나밖에 없는 것은 아닐 것이라 믿어
주제넘게 또 엮었다

2017년 5월
강문출

차례

제1부 **물의 평지**

조금 떨어져 앉다 15
물의 평지 16
바위 17
변신 18
저녁의 발견 20
비행운 22
5백 원짜리 비꽃 24
처서와 백로 사이 25
천지창조를 듣는 동안 26
힘껏 내리는 비 28
쌀벌레 29
진화하는 밥 30
산비둘기 위문 31
나무 여행법 32
낮은 무게중심의 말 34

제2부 기도하는 손

기도하는 손 37

참새 38

연꽃에게 40

봄밤의 인문학 41

둥근 의문 42

카톡 감정 44

번지점프 46

투명유리가 차갑다는 것을 느꼈을 때 48

오감도를 그리다 50

필사적인 52

뒤집어지다 54

돌탑 55

저기압 56

상상의 값 58

종이 60

제3부 돌섬

돌섬	63
비는 발자국을 남기지 않는다	64
실비 바르땅의 무명용사를 듣다	65
하현	66
후르르 피죽	67
반려식물	68
거룩한 밤	70
가만히 뒤돌아 걷다	72
안일	73
공책	74
바람나다	76
발자취 가훈	77
하염없다	78
타원방정식	80
설렘에 대하여	82

제4부 사막에서

생각이 멀리 가 있어 85
되묻고 싶다 86
새한도를 쓰다 88
등불의 노래 · 2 90
득음得音 91
독거 92
개밥에 도토리 94
이별의 길에는 이정표가 필요 없다 96
빨래를 널며 97
돌아눕는 밤 98
얼레지 100
누가 산등을 긁었을까 102
부자 104
외통수 105
사막에서 106
홍얼 중얼 108

해설/김경복; 일상적 삶의 반성과 존재의 성화
—강문출 시의 의미 109

| 제1부 |

물의 평지

조금 떨어져 앉다

걸어가는 저 멀리 꽃 한 송이 피어 있다
눈부시다
무슨 인연 같다 생각하며 가까이 다가가니
새들이 날아가고
더 가까이 다가가니 벌들이 날아가서
마침내 혼자가 된 꽃이
작은 흙터까지 다 드러내놓고 내 그림자에 잠겨 빛을 잃었
다
조금 떨어져 앉아 다시 보니
처음처럼 눈부시다
이만큼의 거리에서 다시 너를 보고 싶다

물의 평지

더는 자신을 지지할 수 없을 때

수련은
물의 평지에다 커다란 제 손을 내려놓는다

내가 왼종일 헤매다
늦은 밤 방바닥에 등을 붙이는 일처럼

높낮이가 없어 큰 갈등 없는
공중도 지하도 아닌 정거장 같은
누구나의 발돋움에 디딤돌이 되어주는

수면과 지면,

이 두 바닥을 수련은
손과 발로 꽉 붙들고 있다

바위

사람이 죽지 않는다면

무한한 시간이 너무 좋아 잠도 오지 않을 것이다 하고 싶은 것 다 해보고 먹고 싶은 것 다 먹어보고 가고 싶은 곳 다 가보고 마침내 원도 한도 없이 다 해보아 이제는 죽어도 좋다 싶을 때

시간이 무한정 있으면 어쩌겠나 뭘 해도 그것이 그것 같고 뭘 먹어도 그 맛이 그 맛 같고 어딜 가도 그곳이 그곳 같다면 어쩌겠나 하는 것을 접고 먹는 것을 접고 가보는 것을 접는 수밖에 죽지도 않는데 숨은 쉬어서 뭘 하겠나 살아 있음을 증명하는 요긴한 기능들이 다 퇴화했으므로 마침내 억겁

잠자는 한 개의 바위가 되는 것이다 그러다 어느 날 쾅, 천지가 개벽하면 억만년을 날아 다른 별나라에 가보는 것이다 그곳에서 태초에 몸이 있으라 하니 몸이 생긴 것처럼 잠에서 깨어 새롭게 살아보는 것이다

사람도 죽지 않는다면 한 개의 바위가 되는 것이다

변신

벌레가 된 그가 살던 22호실 쥐덫만하다
궁핍과 떨어져 있던 그가 스스로 이곳으로 걸어들어 와
생존에 대해 말한 궁극은
벌레다, 일벌레를 경멸하다 밥벌레가 된
그는 데칼코마니를 거부하고
나는 마이너스 2차함수를 생각하며 그의 방안을 둘러보고 있다
그래프 어느 쪽을 내려다봐도 끝은 캄캄한 무궁이다
크고 야윈 카프카가
감옥 같은 생활의 성을 탈출하기 위해 발견해낸 해답은

나비다

그런데 나비는 왜
애벌레, 그 징그러운 벌레에서 우화해야 하는가
애벌레를 거치지 않고서는 결코 나비가 되지 못하는 샐러리맨은
비극적이다, 생활의 덫에 갇힌 객이

자신과는 무관하게 완고한 아버지가 되어 가고 있는
어느 오후의 프라하 성이 눈부시게 환하다

저녁의 발견

지갑을 열어야 할 때 입을 열고 있으면 저녁이다

한마디 한다는 말이 꼬리에 꼬리를 물면 저녁이다

상투적 은유에 스스로 도취되면 저녁이다

작심하고 한 마디 했는데 말의 밑바닥이 훤히 들여다보이면 저녁이다

훤히 보이는 세상이 메마른 사막 같다 싶으면 저녁이다

인간이나 낙타나 사는 것이 별반 다르지 않다 싶으면 저녁이다

동료가 죽으면 낙타 새끼를 함께 묻어 낙타의 모성애로 그 자리를 다시 찾는 곡절이 떠오르면 저녁이다

생존을 위한 살생과 해치는 것에 대해 혼돈이 생겨나면

저녁이다

살생도 해침도 없는 낙타들이 죽어 사막의 길라잡이별이 되는 것이 틀림없다 싶어지면 저녁이다

누구도 해친 적 없는 영혼들이 종국에는 모두 다 별이 된다 싶어지면 저녁이다

전에는 알 수 없던 해답들이 대중없이 떠오르면 저녁이다

비행운

날아가는 제트기 비행운飛行雲 길다

어릴 때는 희고 까마득한 저곳에다

네 하얀 블라우스를 숨겨놓기도 하고

한 번도 속내를 드러낸 적 없는 내 장군초상을 숨겨놓기도 했다

그때는

아무도 지우지 않는데 서서히 사그라지는 것들이

없어지는 것이 아니라 더 높이 올라간다고 믿었다

그때나 지금이나 보이지 않음과 없음은 상호 독립적이다

멀리 떨어진 그대와 나처럼

〉

영육이 따로 앉아 내가 나를 측은히 여기듯

낱낱을 엮는 끈이 있다면 그중 한 가닥은 그리움이겠다

5백 원짜리 비꽃

종이잔과 어포가 놓인 벤치는 외지고 어두웠다 불러 미안하다며 잔을 건네는 손이 조금은 떨려보였다 그는 공사장 잡역부이고 등짐을 지고 멀리서 보면 바늘귀 같은 신축 빌딩 계단을 매일매일 오른다고 했다 공치기 다반사인 주제에 매일이 어디냐며 웃었다 그와 나는 중학시절 이야기한 시지프스 신화와 부자와 낙타와 바늘구멍 이야기를 회상하며 웃었다 하늘 가장 가까운 곳에서 발을 헛디딜까 아니, 불현듯 노동을 내려놓고 싶어질까 무섭다고 했다 추락은 추락일 뿐 추락하는 것에 날개가 있다는 말은 폐기되어야 한다고 목소리를 높였다 잔을 부딪치며 들어주는 외엔 달리 방도가 없는데 배경처럼 빗방울이 떨어지기 시작했다 그는 팍팍한 땅바닥에 떨어져 피는 비꽃이 5백 원짜리 동전 같다며 웃었고 저것 몇 개면 하루를 산다고 말하며 얼굴을 훔쳤다 돌아오는 내내 나는 시지프스가 굴려 올리는 바위가 희망이 아니라 커다란 빵이었음 좋겠다고 생각했다

처서와 백로 사이

며칠 사이 매미울음이 다 사라졌다 듬성듬성, 길바닥에 내려앉아 미동이 없는 매미들의 고요에 이른 아침이 서늘하다 묵언이 슬픔을 말하는 고도의 화법임을 알겠다

서풍이 사나흘 싸리비질하고 나면 그 어떤 사랑의 흔적도 말끔히 사라질 것이다 이맘때가 슬픈 것은 이별 때문이 아니라 이별의 후광처럼 번지는 여백 때문이다

불타올랐던 여름과 그런 사랑에 대해 아무 채색도 않은 빈 하늘, 누구의 화법일까

천지창조를 듣는 동안

육肉을 어둠이라 정의할 때

어둠이 수태하는
생명은

입이 입에
가슴이 가슴에
포개어져

어느 빛 하나 스며들 수 없는 절정
그 절정의 폭발로 생겨나는
원초적 본능의 산물

하이든의 천지창조를 듣는 동안

어둠의 보자기에
곱송그린 잠으로 가득한 육의 뇌관들이

〉

번쩍
영감처럼 솟구쳐
누군가 먼 미래에 이 음악을 다시 듣게 되고

영원은 영원히 창조적이다

힘껏 내리는 비

후드득
하늘에서 꽃대가 내려와 지상에 닿자마자 비꽃이 핀다
거꾸로 서서
지상의 모든 것들을 끌어안으며 핀다
벙긋벙긋 핀다
못비를 기다리는 귀농한 농투성이 입에서 핀다
비설거지하는 재수씨 따발총 입에서 핀다
지상에서 펼쳐지는 한바탕 불꽃축제처럼 핀다
축포의 유탄들이 땅을 두드려
스며들어 생명을 깨우면서 핀다
성하의 기도처럼
엎드려 가장 낮은 발에다 일일이 키스하듯 핀다
비꽃이 비꽃 위에 포개어지자
해산의 양수처럼 터져
번져 핀다
그러므로 친구와 나는
양수를 가진 재수 씨의 따발총에 속수무책이다
허나
힘껏 내리는 못비에는 어느 소리 하나 제대로 들리지 않는다

쌀벌레

쌀통에 바구미가 있어 쌀을 옥상 햇볕에 넌다 햇빛을 따라 기어 나오는 바구미를 손톱으로 꾹 누른다
단단하다, 쌀은 부스러지고

자생하는 바구미
쌀에 기생하는 나

단단한 쌀벌레처럼 내가 나를 감싸고 살았다 그 많은 쌀을 축내며, 쌀에 목매어 단 한 번도 쌀독을 떠난 적이 없었다 쌀독이 나를 가둔 것도 아닌데 스스로 갇혀 있었다니

어디론가 기어가는 바구미
멀뚱히 내려다보고 있는 나

바구미들이 언젠가는 다시 살아와 내 독에 바글거릴 것이다 모르는 힘에 이끌려 내가 여기 서 있는 것처럼
상상만으로도 삶이 단단해질 때가 있다

진화하는 밥

모처럼 만난 사람들이 반갑게 인사하고 돌아선다
-언제 밥 한번 먹자
-그래 밥 한번 먹자
밥 한번 먹는 데도
겉치레의 언제와
몇 번의 인연이 더 필요한 것
언제 우리는
진짜 마주 앉아 밥을 먹을까
그것은
진설하는 말의 양을
말의 맛을 저울질해보고 난 후의 일
우리 아들, 우리 남편 하는
그 흔한 우리가 흔하지 않다는 역설
생명을 이어주는 밥을 놓고 함부로 할 수 없다는 뜻
조금 살만하니
-밥 먹었나, 하던 과거형 인사가
밥 한번 먹자는 미래형 인사로 바뀌었다

산비둘기 위문

산비둘기울음 한방에 앞산이 착 가라앉는다
미사여구가 필요 없는 강편치다

나도 모르게
내 모든 슬픔꼭지를 한꺼번에 열어젖히는

참 고맙다
내 아픔에 단 한 번도 위문오지 않은 적 없는 네가
그때마다 너는 또 얼마나 가슴이 아팠을까

고백컨대 나는
슬픔이 없는 날엔 한 번도 너를 생각한 적 없었으니

나무 여행법

나무가 여행한다는 말에 많이 놀라셨죠. 몸이 가도 마음이 가지 않을 때가 있는 것처럼 마음이 가도 몸이 가지 않을 때가 있는 법이죠. 새를 키워 보냈으니 새를 따라 갈 수 있고, 다람쥐를 키워 보냈으니 다람쥐를 따라갈 수 있죠. 또 바람을 쉬어 보냈으니 바람을 따라 갈 수 있고, 빗방울을 앉혀 보냈으니 빗방울을 따라 갈 수 있죠.

아닙니다. 새들이 그냥 날아가는 것처럼 바람이 하릴없이 불어가는 것처럼 그냥 가면 되지요. 물론 몸을 두고 마음만 가는 반쪽 여행이라 비웃는다면 굳이 변명은 않겠어요. 물론 씨앗 이야기를 꺼내고, 그것들이 온 세상을 뒤덮고 있다는 것에 대해서도 말하지 않겠어요.

그러나 나보다 한참 어린 것들이 함부로 말하는 것에 대해서는 참을 수가 없네요. 오랜 세월을 견딘다는 것이 생각보다 어렵거든요. 온갖 산해진미를 다 먹어도 백년도 못 사는 인간들을 보세요. 그들이 조금 아는 지식으로 남의 이야기를 제멋대로 하는 것은 정말 참기 힘들어요. 참나무와 도끼처럼.

〉

우리가 자리를 옮겨 다니지 않는 것은 싸움이 싫어서예요. 자리를 옮겨 다니는 것들 치고 영역싸움을 하지 않는 것들이 천지에 어디 있나요? 우리마저 자리다툼을 한다면 누가 그늘을 만들어 상처투성이의 저들을 쉬게 할 수 있겠어요.

그러므로 우리는 몸을 제 자리에 두고 마음여행만 떠나요. 뺏을 것도 빼앗길 것도 없는, 느낄 수 없는 가벼움으로 떠나요. 하루에도 지구를 몇 바퀴씩 돌 수 있고, 그러다 귀찮아지면 바람이 불면 부는 대로 한 백년쯤 춤추어도 그뿐이에요. 그 세월이 어느 누구에게는 평생인데 말이에요.

낮은 무게중심의 말

춥다, 비가 눈이 되어 내린다
내가 저를 좋아하는 걸 알아
저도 날 젖지 않고 가라고 배려하는 것이다

눈 많은 나라에 간 아이에게서 문자가 왔다
눈길 조심하라고
나도 눈길 조심하라고 답을 보냈는데

미쁘다, 가만가만 바닥에 내려와
흔한 발자국을 귀하게 감싸 안는
눈송이 같은 말

마음 깊은 곳이 꽉 차서 함부로 넘어지지 않는
낮은 무게중심의 말

집에 들어오니 옷에 붙은 눈이 녹고 있다
저를 생각해주는 내가 고맙다고
내가 젖지 않고 집에 도착해 다행이라고 울고 있다

| 제2부 |

기도하는 손

기도하는 손

알브레히트 뒤러의 그림

누군가를 위한 저 간절함, 어떤 난관인들 못 헤치랴.
손금이 너무 닳아 사주팔자도 잊는지 오래겠다.
살아 있는 모든 이들이 저 손바닥의 공덕임을 알겠으나
심장을 뛰게 하는 최고의 에너지도 저것임을 알겠으나
왼손이 모르는 오른손은 왜 가난해야 하는가?

참새

참새는 인간이 사는 곳에 살고
인간이 없는 곳에도 산다

누가 참새의 하루를 노래하든 말든 울고
누가 참새의 하루를 슬퍼하든 말든 노래한다

짹짹, 짹짹
짹짹짹짹

곳간이 없어 놀고
곳간이 없어 일한다

사랑 때문에 한 톨 쌀 때문에 싸움을 하지만
그런 일 때문에 결코 전쟁은 하지 않는다

인간이 침묵할 때 말하고
인간이 말할 때 침묵한다

〉

총소리가 나면 도망가지만
총칼에 굴복하지 않고 다시 와서 짹짹짹짹 한다

뭐라 뭐라 말하는데
인간이 짹짹 밖에 알아듣지 못한다고 운다

연꽃에게

스스로의 고립은
그 극복을 위한 안거

해제는
시간에 순응할 것

낙화에 대한 슬픔은 씨앗 때문이 아니라
여생에 대한 두려움 때문임을 긍정할 것

부귀는 몰라도
영화는 끝날 때까지 주인공을 버리지 않는다

꽃과 씨앗의 관계처럼

여기까지는 군더더기,
본시 연꽃은 버릴 것이 하나도 없다

봄밤의 인문학

고로쇠나무 몸에다 호스를 주렁주렁 매달아놓고, 창살에 갇힌 곰의 쓸개에다 가느다란 호스를 꽂아놓고, 남의 명줄에다 빨대를 들이 밀어 보약 마시듯 한 잔

제 뼈 위에다 썰린 살을 얹어놓고 가쁜 숨을 몰아쉬는 우럭을 외면하고, 토막 난 빨판을 뻗어 죽음의 춤을 추는 산낙지를 외면하고, 영혼도 떠나지 않은 남의 목숨을 놓고 젓가락행진곡을 연주하듯 한 잔

긴한 약속에나 가는 것처럼 배밀이 걸인의 엘레지를 한 귀로 듣고 한 귀로 흘렸으나, 엇비슷한 아픔들이 죄다 국가 잘못이라 치부하고 빨리 걷기는 하였으나, 나 모르는 무엇이 발목을 잡아 2차는 시작부터 후래삼배

깡으로 한 잔, 허풍 치며 한 잔 버티는 사이 벚꽃 흐드러지고
그래도 물주 있어 한 차를 더 갔으면 싶은 봄밤
벚꽃 떼 지어 찬란할 때
나는 찬란 위에다 목숨의 조각들을 몽땅 쏟아놓았다

둥근 의문

나는 시간을 짓는 시계의 충복이다.

나는 날마다 시계불알처럼 일하고
시계가 때를 알려주면 밥을 먹는다.
파업하면 낙오자가 되고
때를 어기면 속이 쓰리다.

이런 수모도 밥 때문이 아니라
시간의 비밀을 알아내기 위한
나만의 고육지책이다 하면 견딜만하다.

시계는
어디에서 시간을 가져와 나를 부리는 것일까?

밥 먹다 말고 개가 꼬리를 흔든다.
살랑살랑 흔든다.
마치 시계가 사랑에서 시간을 가져온다고
귀띔해주는 것처럼.

〉

시간을 이기는 침묵이나 고요로
이 모든 질문을 단번에 잠재우려하는데
한밤 시계 소리, 심장소리처럼 벅차다.

카톡 감정

사랑은 원나잇스탠드
'나가기'를 누르는 중지中指에서
감정은 초기화

추억,
이런 건 시대착오적 유물이야

누구는 하룻밤 에로에 취해 잠들고
누구는 코웃음을 치며 세헤라자데를 듣지

쿨하게
스마트하게

Yes or No,
이런 이분법적 사고로 함부로 속단해선 안 돼
그들은 지금 치맥을 시켜놓고 치킨게임을 즐기고 있어

삶과 죽음을 놓고 벌이는

겁쟁이 게임이라는 빵틀 상상은 버려

방금 직사각형에 대한 은유가
관棺이라는 아날로그에게
'카톡카톡'이 왔어 암호처럼

ㅋㅋㅋ

번지점프

그가 계곡 다리 난간에 서 있다

번지점프 자세다

다리와 허리에 매어져있어야 할 그 어떤 끈도 없다

탯줄이 잘리면서부터 그에겐 끈이 없어졌다

허공이 다 끈이 된다고

내가 생각을 고쳐먹는 동안

그가 뛰어내렸다

나는 시체처럼 털썩 주저앉았고

계곡에는 그 어떤 비명도 들리지 않았다

〉

유체이탈의 번지점프

짜릿하다

우렁우렁, 물소리의 끈을 잡고

내가 가뿐하게 되올라온 한낮

투명유리가 차갑다는 것을 느꼈을 때

바람 한 점 없는 이쪽에서
바람 부는 저쪽을 바라보고 섰다
한 그루의 작은 나무가 먼 숲을 바라보는 풍경
오래된 삼각구도다

모든
새들이
그쪽으로
날아가고
햇볕도
그쪽 뺨에
환하다
나는 점차
밑동으로
내려앉고

저쪽에서 보면 이쪽은 이미 비유非有의 유리
〉

깜짝, 손에 닿은 투명유리가 차갑다는 걸 느꼈을 때

역삼각형구도를 펼쳐놓고
자문한다, 이곳은 수렴하는 중심일까 아니면 사그라지는 점일까

오감도[*]를 그리다

인경을 쳤는데도 금홍이는 아니 오고
차가운 달빛만이
부엉이 울음파문처럼 창호지에 스며온다
기척도 없이 오는 것이 무서워 나는
기침을 한다, 몸속 깊이 천착한 기침은
외로워하는 기침이다
지금 내가 할 수 있는 유일한 주문은
문살 사이에 박힌 어둠을 헤아리는 것이다

제1 문살의 어둠과
제2 문살의 어둠과
……
제13 문살의 어둠까지

(문은 닫혀 있어도 좋다)

어둠을 보듬지 못하는 나는
견고한 문틀과 화합하지 못하는 나는

창호지에 기생하는
무서워하는 문살이다
문살의 구성[**]은 가로세로 열 셋이 아니어도
좋다, 나는 문살과 문살 사이에
오지 않는 금홍이의 연지를 바른다
각혈부적을 척, 붙이는 것이다

(문은 열려 있어도 좋다)

* 이상의 시 「오감도」.
** 몬드리안의 그림.

필사적인

길섶 작은 바위에 앉아 깜박 조는 사이
누군가 다녀갔나 보다

잎들이
길모퉁이 쪽으로 손을 흔들고 있다
더러는 뛰어내려 따라가고 있다
저런 애틋함을 잊은 지 오래,

비질한 내 마음이
그런 허한 생이 그쪽으로 막막히 쏠리고 있다
아무도 가지 않는데
또 잎들이 손을 흔들고 있다

흔들리고 있다
사용하지 않은 사랑,
누가 거두어가고 있다

알 수 없는 당신의 사랑법에 대해

잎들은

어찌 알아 저리도 필사적인 것일까

뒤집어지다

백사장 파라솔에 앉아 깜빡 조는 사이 바다로 들어갔던 그녀들이 돌아와 거침없는 19금 농담으로 뒤집어진다. 멀리 서핑하는 젊은이들이 파도에 뒤집어지자, 유튜브에서 흘러나오는 그맘때의 파이프라인에 그녀들이 또 뒤집어진다. 뽕브라 속 두 개의 바다가 뒤집어진다. 과장이 진짜보다 더 진짜 같은 오후 2시, 동여맨 일상이 그 끈을 풀어헤쳐버릴까 봐 아슬아슬하다

그녀들은 안다
바로 서야 하는 이성과
뒤집어지고 싶은 야성이 만나는 그곳에
자유의 극치가 있다는 걸

돌탑

스님
돌탑을 쌓는 것도
세상 이치와 꼭 같아
한 사람이 복을 빌고 가면
다음 사람이 와서 복을 빌고
그렇게 서로서로 복을 다투다가
마침내 이긴 하나가 정상에 올라
하늘을 향해 등등한데, 무섭습니다

처사님
돌탑을 쌓는 것도
세상 이치와 꼭 같아
한 사람이 복을 빌고 가면
다음 사람이 와서 복을 빌고
그렇게 서로서로 복을 빌어주다가
마침내 모든 중생이 하나가 되어
하늘을 우러러 기도하는, 경건합니다

저기압

룰렛게임 이야기를 하는데 느닷없이 총알이 발사되었다
악!

그녀의 귓속으로 들어간 총알이 입에서 터져 나오는 소리?
내가 황급히 나가다 유리창에 머리를 들이받는 소리?

오른쪽 귀로 들어간 총알이
왜 왼쪽 귀로 빠져나가지 않았을까, 농담처럼

어느 말귀에 부딪혀 총알이 굴절된 것일까
다급하면 문도 벽이 되는 것일까

대게의 큰일은 사소함에서 비롯되고
한 번의 굴절은 또 다른 굴절을 낳아 회오리를 일으키고

휘돌아온 폭풍우는 어차피 불어갈 시간이 필요하고
그 사이 나는 또 슬며시 그녀에게로 다가가는 방법을 모색

하게 되고

고기압은 왜
저기압보다 빨리 쾌청해야 하는 것일까

상상의 값

가진 것이 없어 가질 것이 상상밖에 없다며
한 아이가 TV에 나와 울고 있네.

구름이 장난감이라서
매일매일 새롭게 펼쳐지는 하늘을 쳐다보고 논다네.

오늘은 먹구름
그 아이의 장난감들이 하나도 보이지 않네.

내 너무 오래 꿈을 잊고 살아
그 아이처럼 구름 하나하나에다 예쁜 이름을 붙이지는 못하겠네.

상상을 잃어버린다는 것이
세상 탓만은 아니어서 천둥치고 비 오네.

눈물 없이 살아온 나를 보고
울어주는 것 같네.

〉

저렇게 가늘고 긴 끈을 따라 나도 상상의 나라로 올라가 보고 싶은데
빗줄기와 나는 창으로 단절되어 어쩌지 못하겠네.

내가 할 수 있는 일이라는 것이 고작
ARS전화 한 통 걸어주는 일밖에 없네.

종이

닥나무가 자신의 모든 기억을 지워버렸을 때
비로소 종이가 되는 것이다

풀어헤친 몸에서
한 방울의 물까지 떨쳐버렸을 때이다

이런 아픔이 있어
누구의 이야기나 담을 수 있고
한 방울의 눈물에도 허물어지는 것이다

종이 얇다고 함부로 마라
억눌리고 창백한 자의 가슴 가장자리에도 벼린 한칼 있으니!

| 제3부 |

돌섬

돌섬

찬 바다에 발 담그고 묵묵히 돌아앉은 저

등

뼛속까지 시리겠다

한겨울 인력시장에 혼자 남아 꺼져가는 모닥불 쬐고 앉은 저

사람

우긋한 등짝처럼

비는 발자국을 남기지 않는다

그가 내 마음 방 창문 하나를 열어놓고 나가버려 나는 밤늦도록 가는 비의 발자국소리를 들어야했다 그때는 이미 이별을 되돌리기에는 너무 늦었다

비련의 주인공처럼 앓아눕기를 희망했던 내 어린 시절 소원이 이루어진 것일까 구차한 변명처럼 몸은 열병을 앓고 있었으나 진솔한 침묵처럼 내 영혼은 잎사귀의 물방울처럼 맑디맑다 말하면 믿어주려나

죽을 수는 있어도 길들여질 수 없다는 당신의 늑대사랑법을 당신을 다 읽고서야 알았으나 사랑의 징표 같던 물방울들이 이미 흔적도 없이 사라진 뒤였다

온 들판이 연둣빛으로 물드는 저건 누구의 발자국일까

실비 바르땅의 무명용사를 듣다

배달을 끝낸 검은 비닐봉지 하나가 가뿐가뿐 걷다가
나뭇가지를 오선지 삼아 경쾌하게 날아오르다
어,
가지에 걸렸다
쉼표 하나 찍으며 파르르 떤다
너무 높이 오른 죄일까
자신의 기량을 맘껏 뽐내는 카덴차라 해야 할까
아니다, 저건 연주가 아니라
구난신호다
끝까지 날아보려는 몸짓이다
실은, 뭔가를 토로하고 있다
언젠가 TV에서 본 굴뚝 위의 해고근로자들처럼
허공에다 슬픔을 매달아야 하는 자들은
고개가 수그려져 있다
속이 까맣다
아무 힘도 없을 것 같은
더 이상 잃을 것 없는 저런 힘들이 모여 역사를 뒤집는 것이다

하현

꽉대기 네 집엔 울타리가 없어
객정이 무시로 쉬어가기 좋은 곳

한 잔 걸치고
사다리 걸치면 올라갈 수 있을 것 같은

사
다
리
걷어차인 사람들이 등지고 울기 좋은 곳

한 술,
한 술 줄어드는 늦저녁 찬 공깃밥 같은

후르르 피죽

파릇파릇한 개천 둑을 따라 염소에게 풀을 먹이다가 문득
말을 물가에 데려갈 순 있어도 억지로 물을 먹일 순 없다는 말이 맞는지
염소도 그런지 실험이나 해보려 뿔을 힘껏 물속에 처박아 보다가
실패가 내 어린 팔뚝 때문인지 알통을 양껏 부풀려보다가
지루해서, 외우던 영어단어가 지루해서 게으름이 슬금슬금 생겨나던 그때
물수제비뜨는 동안 염소가 밭에 들어가 채소를 망가뜨리고, 놀란 직박구리 피죽을 먹듯
후르르 피죽, 후르르 피죽 울어쌓는 오뉴월
미처 여물지 않은 햇보리처럼 내가 당장 가난에는 도움이 되지 않았으나
일자무식 엄마가 보릿고개를 넘는 데는 스프링 한 단어로도 한 됫박의 위로는 되었으리

반려식물

먹다 남은
고구마에 싹이 돋았다

큰 접시에 담아두고 매일매일 물을 줬더니
어느새 식탁이 작은 풀밭을 이루었다

정들면 다 가족 같다는 말에
내가 어쩔 줄 몰라 하는 사이
고구마가 바닥까지 줄기를 내렸다

부득이 집 앞 화단에 심어주고 물을 줘 봐도
끝물더위에 속수무책이라
그쪽으로 눈길도 주기 힘들었는데

소낙비 내려 다시 보니
어느 새 자리를 잡아
진초록으로 활짝 웃고 있었다

불현듯 첫 살림나던 때의
내 곤궁이 떠올라

그때 보러온 엄마처럼
나도 겸연쩍게 웃었다

거룩한 밤

늦은 저녁 사내들이 주점에 모여 앉아
목소리를 높인다

평생 돈벌어주고
제 집구석에 앉을 자리 하나 없다고 애먼 위정자들을 퍼부으며

실은
큰 씀씀이에 못 미치는 작은 벌이에 대한 자책이다

사분오열 격론에
죽어나는 것은 술이 아니라 몸

바깥을 책임지고 태어난 운명보다
밭도 없는 주제에 씨앗을 가졌다는 것이 원죄다

취중 객기로
자신을 인도하는 신을 깔아뭉개고, 신을 질질 끌고 다녀도

보지만

그럴수록 눈앞이 캄캄하고 부끄러운데
대체 누가 어둠을 끌어와 지친 영혼들을 덮어주고 있나

가만히 뒤돌아 걷다

언짢은 마음으로 연못에 돌을 던졌다
전에는 경쾌하게 가라앉던 돌이
우당탕, 구르다 멈춘다
연못이 얼었다
언제부터일까, 나와 무관하게 얼어붙은 세상
젖어들 곳 하나 없다
가장자리에서 중심으로 함부로 던진
조급한 마음,
들어가 돌을 치우기엔 얼음이 너무 얇아
패잔병처럼 가만히 뒤돌아 걷다

안일

도토리가 갈수록 흉작이라는 보도에 놀라고 도토리를 먹는 곤줄박이를 보면서 도토리가 다람쥐 먹이라고만 생각한 스스로의 안일에 놀라고 어치 멧돼지 너구리 도토리거위벌레들은 올겨울을 어떻게 넘길까 하는 뒤늦은 고민에 놀라고

앞서 본 장가 안 가는 젊은이들이 늘어나는 것에 대해 새삼 놀라고 그것이 단지 그들의 문제라고만 치부한 내 안일에 놀라고 안 가다와 못 가다도 구별 못하는 스스로에 놀라고

내 연금은 내 나라는 이 지구는 하는 뒤늦은 거창함에 놀라고 인내는 쓰고 그 열매도 쓰다는 젊은이들의 싱글족 대세에 혀를 끌끌 차다가 구습과 온고지신에 골똘하다가 바람이 일지 않아 세상이 잠잠해지기만을 기대하는 기성세대들의 천편일률에 놀라고 뚜렷한 해법도 없이 나잇살로 젊은이들을 짓누르는 내 안일에 또 놀라고

공책

공책 한 권을 선물 받았다
스마트폰 시대에 공책이라니
싫든 좋든 주관식 문제가 출제되었다

글쓰기는

말뚝 없는 공터에다
가장자리를 빙빙 도는 고삐 없는 송아지를 잡아매는 일이거나
쌀통 옆에 쭈그리고 앉아
끈기 있게 쌀 포대를 푸는 일

자르는 대신 손가락가위를 구부려 첫 올만 잘 찾으면
그 다음은 술술 풀려나가는
써 없어지기보다 찢어 없어지기 쉬운
애벌레가 꼬불친 날개를 펼치는 일 같은

방바닥에 널브러진 종이꽃봉오리 가운데 하나가

세게 뭉쳐진 하나가 먼저 피는 것처럼
그렇게 와 닿은 생각이 공책을 채우는 것이다

삽시간에 나는
종이층층나무 몇 페이지를 넘기고 있다

바람나다

개나리, 진달래, 무궁화…… 같은 충매화는 매파인 벌에게 꿀을 주는데 소나무, 뽕나무, 자귀나무…… 같은 풍매화는 매파인 바람에게 무얼 주나. 줄 것이 없으니 바람과 바람나는 일. 마침내 바람이 바람나서 사방팔방 싸돌아다니게 하는 일. 그리하여 온 세상이 바람나게 하는 일. 그럼 붕어마름, 나사말, 별이끼…… 같은 수매화는 매파인 물에게 무얼 주나. 줄 것이 없으니 물과 질탕하게 놀아주는 일. 마침내 물이 맥이 풀려 바닥까지 스미게 하는 일. 그리하여 사라진 물이 하늘에서 다시 몸을 추슬러 온 세상을 적시게 하는 일. 다만 가진 것 없었던 내가 행한 안다리걸기에 대해서는 끝까지 파헤쳐보지 않기로 한다.

발자취 가훈

1.
폭설 쏟아지던 1943년 말 만주벌의 어느 날
앞에는 마적馬賊이
뒤에는 일경日警이

2.
살기 위한 발버둥이 훈장이 되선 안 된다며
가는 말처럼 얼비추다
일생을 입 다문 아버지

3.
가신 지 수십 년이 흘러 이장하는 2010년 봄의 어느 날
대전 현충원의 애국지사 비석과
한 옴큼의 뼛가루로 남은 말씀이여

하염없다

가는 것인 데도 자꾸 보낸다는 생각에 하염없다
배는 떠나가는데 나는 닻처럼 가라앉아

시방 네게 있어 나는
잘려,
버려진 도마뱀 꼬리

떠나는 네 뒷모습을 따라
오래 머물 것 같던 호반 안개가 아홉시도 되기 전에 사라졌다

야멸치게 멀어지는 네 힐 소리
긍정긍정,
나는 뜬금없이 무진기행* 한 장면을 떠올리고

내일 아침이면 또 안개 자욱하여
이별 또한 여느 일과 별반 다르지 않겠으나
〉

사랑은

창조가 아니라 발견이라는

발견, 그쪽으로 쏠리는 내 눈길을 함부로 거두지도 못 하겠다

기억을 뜸베질하는 안개는 대체 어디에서 머물다 다시 오는 걸까

지금은 죄다 내 속으로 들어와 물비늘입술에 하염없다

* 김승옥의 단편소설 『무진기행』 제목을 인용.

타원방정식

지구가 태양을 돌고 달이 지구를 돌듯
가까워졌다 멀어지는
밀당 없는 사랑이 어디 있으랴

원에 집착하는 사람은
사랑을 안 해본 사람이다

밀고 당김은
하나가 되기 위함이 아니라
붙었다 떨어지며 휘돌아가는 왈츠

나는 언제까지 그대 주위를 맴돌아야 하나

우주가 도는 것도 다 사랑 때문이다 하면 견딜만하고
밀고 당김이 있어 타원이다 하면 조금 더 위안이 되고

사랑의 완성은
사정射精 한 번의 찰나다 하면 허무하고

새로운 시작이다 하면 벅차고

지는 꽃들이 하나하나 눈에 들어오니
저마다 별들이 이름을 가진 까닭을 알 것 같고

이제는 영영 이별이다 싶을 때
제 몸을 불살라 사그라지는 별똥별들은 더없이 황홀하고

설렘에 대하여

설설雪雪 온다
설렘을 쌓는 마술을 보여주듯
얼어붙지도
풀어헤치지도 않는 저쯤이
설렘의 경지
대화도 침묵도 아닌
춤사위 같은
그 안에
드러낼 수도 없고
그렇다고 감추어지지도 않는
내 마음이 있고
설설,
바닥으로 주저앉는
내 몸이 있고
나와는 무관하게 너는 가고
머지않아 이 모든 일들이 지워지겠지만
설렘은
반드시 어딘가로 번져
생명을 짓는 양수가 되는

| 제4부 |

사막에서

생각이 멀리 가 있어

자갈치시장 가서 씨알 굵은 갈치 두어 마리 사서
굽고 졸이고
남새밭 가서 호박잎, 오이도 따서
찌고 무치고
맛없을까, 두서없는 옛 얘기도
한두 접시 내놓으려 하는데
온다던 그대는 아니 오네

수군대던 뒤뜰 수국도 지쳐 벌그죽죽 시들고 있네
생각이 멀리 가 있어
앞뜰 벚나무 참매미들 자지러지게 울어도 적막이네
여러 생각을 꼬깃꼬깃 구겨 방바닥에 던져놓고
이렁저렁 또 한 생각을 지어보는
끄집어내려 해도 꺼내지지 않는 것들이 다 그리움이 되는
방바닥 종이꽃봉오리 피려다 마는 적막한 여름이네

되묻고 싶다

내 가슴 어디에
조그만 네 방 하나 두고 싶다

방의 열쇠는
텔레파시

문을 열면

그 바람에
살포시 앞머리를 쓸어올리는
네 하얀 나비 손과

나비 날아
내가 까무룩
오르가슴에 도달하는 희열을 느끼고 싶다

이런 불온한 바람에 대해
〉

나비는 비렴飛廉을 모른다 하고
바람은 자꾸자꾸 불어오고

되묻고 싶다
바람의 발원지가 나만의 비밀인가를

세한도를 쓰다

부엉이 울음소리에 뒤뜰 댓잎 쓸리는 소리

문틈으로 들어오는 황소바람과 멱살잡이하는 문풍지소리

그 바람에 까무러치는 호롱불소리

눈깔사탕 깨 먹는 누이의 뽀드득 이빨 가는 소리

장에 다녀온 엄마의 반 호흡짜리 앓는 소리

취한 아버지의 세 호흡짜리 코고는 소리

소리가 소리에 부딪혀 둥글어진 소리

오리 밖 첫차의 자명종 기적소리

샛별시계 보려고 문 열고 나가는 엄마의 발자국소리

〉

부엌 아궁이에서 솔가지 타는 소리

소리 중의 으뜸인 자식 목구멍에 밥 넘어가는 소리

토닥거리던 소리들이 하나둘 흩어지는 발자국소리

어느 날 떠난 소리들이 돌아오지 않아

집은 또 다른 세한도를 완성하게 되고

등불의 노래 · 2

낮 근무를 마친 태양이 강에서 세수를 하고 있다.
지쳐 코피가 났는지 물빛이 벌겋다.
훽, 피 묻은 수건을 허공에 던져놓고
곧장 서녘으로 간다.
자는 아이 이불 덮어주고 밤 근무 나가는 아비 같다.
태양은
어디에서 어둠이불을 꺼내와 이 세상을 덮어주는 것일까?
살아있음이 오로지 숨소리 하나로 부족함이 없을 때
비로소 당신은
모든 슬하에게 내일을 선물하는 것이다.

득음得音

상을 마친 대나무 상장喪杖이 타고 있다
미처 떠나지 못한 그 사람의 영혼 같다
총포처럼
산 동안 참은 울분을 터트리고 있다
지조와 절개의 굴레를 벗어던지고 있다
화양연화도 없이
수런거리는 빈속으로 꼿꼿이 생을 마쳤다는 것에 대해
스스로 축포를 쏘고 있다

쾅,
외마디 비명이
뼛속 깊이 사무친 모든 것들을 아우를 때
끝이다

독거

의자 등받이기둥 하나가 부러졌다

둘에서 하나가 아니라 등받이 전체가 허물어졌다

서로의 등받이가 되어주던 한쪽이 떠나고 나자

그의 삶 전체가 허물어졌다

허물어진 자리에서 하루 한 뼘씩 사막이 자랐다

입안에는 무언의 가시가 돋고

모래시계는 모래무덤이 된 지 오래

어느 날

낙타처럼 슬픈 눈빛을 한 그가 밖을 나서고 있다

〉

신기루를 본 것일까

아니면 약속처럼 누가

선경에서 그를 데리러 온 것일까

개밥에 도토리

개가 밥을 먹다 짖는다
밥 먹을 때는
개도 안 건드린다는 말도 모르냐며 짖는다

좋다며
밥상머리까지 따라와
한 소리 하는 것이 싫다는 뜻이다

쓴 소리가
쌉싸래한 맛이 입맛을 돋운다는 말은
지금의 레시피에는 없다는 뜻이다

잠깐잠깐 내내
내일을 걱정하다
어느 새 저물녘

개가 짖는다
밥 먹자는 말이다

〉

한 소리를 놓고
개가 미리 선수를 치는 것이다

몇 살 더 많다는 위세로 나도 한 소리 한다
개밥에 도토리는
체하지 않는 식사법에 있어 꽤 괜찮은 레시피지

이별의 길에는 이정표가 없다

수백 년 된 팽나무 한 그루가 링거를 꽂고 있다
나무로 통하는 사위는 쇠사슬로 막혔다
스스로 그늘을 만들지 못해 온몸이 다 부르텄다
새들이 날아간 나무 밑 낡은 벤치에는
낙엽 몇 장만이 환우처럼 누워 있다
찬바람에 소름 돋듯 떠오르는 일들은 대게 쓸쓸하고
깜짝 놀라 나는 또 노모를 문병하고, 이제 겨울도 멀지 않았다
이별의 길은 어디로 가도 지름길이라 이정표가 필요 없다

빨래를 널며

빨래를 넌다. 아내가 하듯이 젖은 것들을 하나하나 가지런히 포개어 다듬이질하듯 밟아 넌다. 언제부턴가 아내는 쭈글쭈글한 채로 그냥 넌다. 옷가지나 수건에 배어 있는 그늘 같은 것들이 사라질까봐 두려운 듯. 반듯하게 인사하고 멀리 떠난 아이들에게서, 반듯하게 차려입고 출근하는 내게서 조금씩 다가설 틈이 좁아지는 것을 느낀 듯. 사람의 마음도 세탁물과 같아서 너무 반듯하면 그늘 하나 드리울 틈 없는데, 세상은 내게 자꾸자꾸 옷매무새를 고치라 한다.

돌아눕는 밤

큰일을 벌리려는 다 큰 아이를 걱정하며 듣는 늦은 밤 빗소리, 아버지가 듣던 빗소리도 저러했을까
비는 그저 내리는 것이 아니다

눈에 들어간 티끌 하나 씻어내기 위해 눈물 몇 방울 짜올릴 힘도 그럴 여유도 주변머리도 없는 것이

온 세상 걱정 다하느라 밤새도록
추적추적,

유리창에 써지는 비의 갈지자 해법을 놓고
아이는 자유분방이라 읽고 나는 무대책이라 읽는 밤

얼마나 다행인가
세워 듣는 귀가 나밖에 없어

잠들면 무슨 사달이나 나는 것처럼 가는 빗소리를 따라

마냥 걷는
  젊은 나를 앞에 두고 버릇처럼 돌아눕는 밤

얼레지

봄 산 얼레지들이 한껏
치마를 들어 올리고 있다
골목 개들이 킁킁 말뚝박기놀이를 하고 있다
아이들도 뭔가를 안다는 듯
얼레리꼴레리, 얼레리꼴레리 골목을 쏘다니고 있다

목로주점 앞
먼로가 뒤집히는 치마를 간신히 누르고 있다
말없는 인형을 사랑한 그녀가
단단한 석고웃음을 웃고 있다

그 어떤
비생산적 행위도 허용하지 않는 일터에서
풀려난 남녀가 산중턱 얼레지를 보고 붉어 내려온 남녀가
먼로의 슬픈 사랑을 답습하지 않으려는 듯
주점에 들어서자마자 서로 감전되고 있다

한낮의 학습으로 사랑에는 조건이 없다는 걸

충분히 공감했다 그러나
거기까지다

얼레지도 모르는 그들의 망설임은
사랑에도 조건이 있다는 걸
너무 일찍 알아버린 까닭이다

누가 산등을 긁었을까

날이 풀렸나, 겨우내 얼었던 귓바퀴가 가렵다

단단하게 갇혔던
소리들이 궁금해서일까

긁어 발갛다
앞산이 발갛다

누가 산등을 긁었을까
산매화일까

아니다
저들은 지금
붉게 발기하고 있는 중이다

산은 옷을 입기 시작하는데
꽃은 벗고 있다
〉

꽃그늘 한 자락이면
없는 애인도 금방이겠다

벙그르르
폐문한 여인들 문 여는 소리에 그늘이 들썩들썩

부자

인적 드문 플리트비체 호숫가를 한 부자가 걸어가고 있다 닮은 두 어깨가 나비의 날갯짓처럼 가볍다 아버지가 아들의 그림자에 업혀가고 있다 가다서다, 가다서다 하며 풍경을 채록하고 있다 어느 객이 있어 이 모습을 한 앵글에 채집하고 있다 웃음을 머금은 서쪽 뺨이 붉다 윤슬이 눈밭을 휘돌아온 바람결에 차다 산마루를 넘어가던 태양이 호수에다 비단이불을 깔아주고 있다 오늘밤은 물의 요정도 춥지 않겠다 어느 큰 부자도 저 부자를 당하지 못 하겠다

외통수

노인들은 지금 외통수를 찾고 있는 중이다
기물이 없어 지구전은 벌써 물 건너갔다

단기필마로
잠결에 가자며
먼저 가는 사람이 명당자리 잡아놓자며
여기저기서 훈수를 두고 있다

장고 끝에 악수라
한 수
한 수가 버겁다며
장기판을 술상 삼아 불그죽죽 농을 치고 있다

생각에 잠긴
긴 그림자들 하나 같이 동쪽을 복기하고 있다

사막에서

힘들게 걸어 신기루에 당도하니 모래무덤이네

오아시스는 어디로 갔을까

맨 먼저 당도해 쥐어보는 한 줌 모래의

흘러내림이여

뒤돌아보니 한 발자국도 기억하지 않는 막막한 사막이여

빈 손바닥에 몇 남은 모래알들이

반짝반짝

여태껏 흘러내린 모든 것들이 금모래였을까

그 작은 알갱이들이 흘러내릴 때마다

〉

최선이고 최고였다고 생각을 바꾸니 조금은 뿌듯하고

최고의 시는 아직 쓰여지지 않았다*는 말에도 자유롭네

* 버튼 브레일리의 시 제목을 인용.

홍얼 중얼

기착지에 앉아 되돌아보니
길이 뻔하다

새 길을 가기엔 너무 늦었고
무턱대고 앉아 있기엔 조금 이르다

앞뒤 길이 훤하니
이쯤에다 돗자리를 깔아도 되겠다

없는 신기로 오가는 연인들 궁합도 좀 봐주고
애먼 첫사랑 사주팔자도 좀 고쳐주다가

홍얼 중얼
영혼 없는 점괘로 여행길 허방이나 짚는

별의별 생각에도
어제 아닌 것 하나 없어 큰 두려움 없는

|해설|

일상적 삶의 반성과 존재의 성화

—강문출 시의 의미

김경복 | 문학평론가

시로써 우리는 무엇을 할 수 있을까? 시의 기능에 대한 해묵은 물음이지만 시인으로 사는 사람이나 그것을 지켜보는 비평가에게 이 물음은 늘 현재의 자신의 삶에 의미 있게 살고 있는가 하는 것을 되새겨보게 한다는 점에서 무겁고도 무서운 질문이라고 할 수 있다. 이 물음은 곧잘 시의 본질은 무엇일까 하는 것으로도 전화되는 성질이 있어 쉬이 답을 하기가 어려운 것이 사실이다. 그 대답은 세계 속에 실현되고 있는 자신의 삶과 맞물려 있는 만큼 자기 이해와 더불어 세계 이해에까지 도달해야하기 때문에 어렵고 힘든 일일 뿐 아니라, 사람들마다 자기 생각을 다양하게 내놓을 것이란 점에서 모호하기 짝이 없다.

그렇다고 그 대답을 못 내릴 것까지는 아니다. 후기 산업시대를 살아가는 우리로서 당대의 사회현실에 대응하는 기제로서 시의 기능과 시인의 역할에 대해 생각해보지 못할 것은 아니기 때문이다. 그럴 때, 시는 사물화, 상품화로 치닫고 있는 후기산업시대의 반생명적 세태에 대한 응전으로 존재의 본질에 대한 성찰을 유도하는 측면을 우선적으로 고려해 볼 수 있다. 시는 생명의 본질에 대한 발견과 그것의 실현을 위한 실천으로서 의미를 가지고 있다고 말할 수 있다. 이는 우리시대의 시에 대한 정의와 기능을 다 아울러 말하는 것이다. 정말, 우리 시대의 시는 자본의 논리로 사물화되어 가는 생명의 실상에 대한 발견과 그것의 성찰을 통한 존재의 승화에 있다고 할 수 있지 않을까.

강문출 시인의 두 번째 시집의 내용을 읽으면서 이 생각을 더욱 절실하게 확인하게 된다. 그의 시는 동시대적 삶이 가지는 문제의식과 지향점을 담아내면서 시로써 무엇을 할 수 있는지를 보여준다. 시인의 실존적 고뇌와 탐색이 동시대적 삶의 문제를 제기하면서 진정한 존재의 지향점이 어디에 있는지를 제시해준다. 그의 탐색과 제시가 가장 모범적인 것이라고 말할 수는 없다. 그러나 필자가 보기에 그가 보이는 삶에 대한 성찰과 그것에 대한 해법으로서 시쓰기 방식은 우리 시대의 시대정신을 견인하는 전형적인 의식이라 할 만하다. 전형은 우리가 세계를 이해하는 데 있어 하나의 중요한 단초가 된다는 점에서 가치 있는 것이다. 그런 점에서 그 내용을 알아보기 위해 우리가 강문출 시인이 만들고 있는 의식의 풍경 속으로 들어가, 그가 고뇌하며 중얼거리는 또 하나의 삶을 살아보는 것은 의미 있는 일이 될 것이다.

일상의 의문과 존재의 본질에 대한 성찰

생각건대, 시의 본질이 존재의 본질에 대한 발견과 성찰에 있다면, 그 출발은 바로 의문을 품는 데서 시작되지 않을까? 의문은 일상에 배여 있는 우리의 고정관념이나 진실로부터 멀어진 생각을 바로 잡는 행위이니 말이다. 강문출 시인 역시 자신의 삶을 성찰하는 데 있어 곳곳에 이러한 의문을 보인다. 다음 시가 그 하나의 사례일 것이다.

> 벌레가 된 그가 살던 22호실 쥐덫만하다
> 궁핍과 떨어져 있던 그가 스스로 이곳으로 걸어들어 와
> 생존에 대해 말한 궁극은
> 벌레다, 일벌레를 경멸하다 밥벌레가 된
> 그는 데칼코마니를 거부하고
> 나는 마이너스 2차함수를 생각하며 그의 방안을 둘러보고 있다
> 그래프 어느 쪽을 내려다봐도 끝은 캄캄한 무궁이다
> 크고 야윈 카프카가
> 감옥 같은 생활의 성을 탈출하기 위해 발견해낸 해답은

〉

나비다

그런데 나비는 왜
애벌레, 그 징그러운 벌레에서 우화해야 하는가
애벌레를 거치지 않고서는 결코 나비가 되지 못하는 샐러리맨은
비극적이다, 생활의 덫에 갇힌 객이
자신과는 무관하게 완고한 아버지가 되어 가고 있는
어느 오후의 프라하 성이 눈부시게 환하다

—「변신」 전문

이 시가 주는 정보부터 우선 파악해보자. 시적 화자는 아마 체코 여행 중 『변신』의 저자 '카프카'가 살았던 집을 방문해 생각에 잠겨 있는 모습을 보여주는 것 같다. 그가 보기에 카프카도 '생존'의 문제로 고민하다 『변신』에 나오는 그레고르 잠자가 벌레로 변한 것처럼, "벌레가 된 그가 살던 22호실 쥐덫만하다"에서 볼 수 있듯 벌레로 살았다고 여기고 있다. 문제는 화자가 카프카는 "감옥 같은 생활의 성을 탈출하기 위해 발견해낸 해답"을 가지고 있는 것으로 보고 있고, 자신은 가지고 있지 않은 것으로 생각하고 있다는 점이다. 이 점은 "생활의 덫에 갇힌 객이/ 자신과는 무관하게 완고한 아버지가 되어 가고 있는"에서 볼 수 있듯 여행객으로서 자신은 아직 생활의 덫에 갇혀 '완고한 아버지'로

머물고만 있다는 자기인식에서 볼 수 있기 때문이다. 그때, 중요한 하나의 현상은 카프카의 해답을 통해 자신의 탈출구를 생각하는 과정에 갖는 의문이다. 즉, "크고 야윈 카프카가/ 감옥 같은 생활의 성을 탈출하기 위해 발견해낸 해답은 // 나비다// 그런데 나비는 왜/ 애벌레, 그 징그러운 벌레에서 우화해야 하는가"에 나타난 '나비의 우화' 과정에 대한 물음이다. 그 물음 속에는 카프카가 보여주었던 현실 초월의 지표로써 '나비'는 보기 좋은 것이지만, 시적 화자가 다시 생각해보니 그것은 애초에 징그러운 애벌레였던 것이 아닌가 하는 놀라움의 인식을 드러내주고 있다. 무심코 넘어가기 쉬운 일상적 현상에서 어떤 진실이 숨어있다는 놀라운 발견의 예지가 이 의문 속에 스며들어 있다는 말이다.

이 언명은 이 시의 출발점을 다시 생각하게 하는 요소다. 이 시의 가장 큰 특색은 오늘의 일상을 시적 대상으로 삼고 있다는 점일 것이다. '생존에 대해 말한 궁극', '일벌레를 경멸하다 밥벌레가 되는', '감옥 같은 생활의 성', '샐러리맨은 비극적이다', '생활의 덫에 갇힌 객' 등의 표현은 이 시의 시적 화자가 얼마나 뼈 속 깊이 일상을 의식하고 있고, 그 일상을 살아가는 것이 결코 만만하지 않음을 보여주는 것들이다. 특히 '샐러리맨'으로 표상된 일벌레, 밥벌레는 오늘의 후기산업사회를 살아가는 일반인들의 궁핍한 처지를 집약적으로 보여주는 것이라 할 수 있어 전형성을 띠는 언급이라 할 수 있다. 여기서 화자는 카프카라는 소설가를 통해 그가 현대사회의 모순으로 다루며 보여주었던 '변신'이라는 주제를 역으로 생각한다. 카프카는 벌레로 전락한 현대인의 모습을 딱딱한 갑각류의 벌레로 보고 그것을 묘사하였다면 화자는, 즉 강문출 시인은 오히려 카프카를 빌어 '나비'로의 질적 전화를 상상해 낸다. 다시 말해 벌레로부터 탈출하고 싶은 욕망을 드러낸다. 여기서 다시 문제는 이러한 질적 전화는 그냥 이루어지지 않는다는 점을 알고 있다는 점이다. 이는 "나비는 왜/ 애벌레, 그 징그러운 벌레에서 우화해야 하는가"라는 존재의 필연성을 언급하지 않을 수 없음을 깨닫게 되는 점에서 알 수 있다. 당대의 삶 자체가 본질적으로 '벌레'일 수밖에 없음을 전제하고 거기서 어떤 깨달음이나 통찰이 주어져야 비로소 '나비'로의 변신이 가능하다고 생각하는 것이다. 이 시의 진실은 그것은 문학이라는 가상의 공간, 즉 카프카에서나 가능할 뿐 현실과 현실 속의 화자인 자신에게는 결코 이룰 수 없는 일임을 자인하는 데서 드러난다. 이 격차에서 우리는 의문을 통한 발견이 삶에 대한 진득한 하나의 성찰임을 알게 되고 그 과정에서 시적 화자가 품은직한 고통과 고뇌에 동참하게 되는 것이다. 그것은 고통과 고뇌이지만 자신의 삶에 대한 하나의 깨달음이자 납득이기도 한 만큼 어느 정도 질적 진전이 이루어질 것은 틀림없다. 그래서 시인도 비록 답답한 일상의 한 가운

데이지만 어느 정도 삶에 대한 성찰과 납득이 이루어진 만큼 그 마음의 분위기를 "어느 오후의 프라하 성이 눈부시게 환하다"로 표현할 수 있게 되는 것이다.

일상생활의 단조로움에 대한 의문을 통해 삶과 존재의 본질에 대한 성찰을 감행하는 것은 강문출 시인의 이번 시집의 전반적 풍경이다. 몇몇 예를 들어보면 가령, "온 들판이 연둣빛으로 물드는 저건 누구의 발자국일까"(「비는 발자국을 남기지 않는다」), "시계는/ 어디에서 시간을 가져와 나를 부리는 것일까?"(「둥근 의문」), "불타올랐던 여름과 그런 사랑에 대해 아무 채색도 않은 빈 하늘, 누구의 화법일까"(「처서와 백로 사이」), "알 수 없는 당신의 사랑법에 대해/ 잎들은/ 어찌 알아 저리도 필사적인 것일까"(「필사적인」) 등에서 볼 수 있듯이 의문을 제기하고 있는 이와 같은 표현들은 일상적 현실이나 자연에서 흔히 스쳐지나가기 쉬운 일들에 대해 근원적인 질문을 제기하고 거기에 제 나름의 해법을 찾기 위해 성찰하는 모습을 보여준다. 그런 점에서 의문은 일상생활 속에 자신이 미처 인지하지 못했던 어떤 사실이나 진실에의 발견과 맞물려 있다. 대체로 의문을 제기하는 감정은 놀라움과 맞닿아있는 만큼 이러한 의문을 통해 삶과 존재에 대해 새로운 성찰에 이르고자 하는 의미임을 알 수 있는 것이다. 실제 인용된 「둥근 의문」의 경우, 시계로 표상된 시간에 구속되어 살아가는 자신의 실존적 존재성, 특히 피투적被投

的 상태로 내몰려 죽음에 이르게 되는 존재론적 한계성에 대해 재인식하는 시는 시간에 대한 새로운 발견으로서 존재의 본질에 대한 깊은 인식을 보여주고 있다. 특히 시간의 불가역성으로 인한 존재의 유한성과 불가피성에 대한 성찰은 일정 부분 처연한 느낌을 주기도 해 공감대를 넓히고 있다.

이러한 의문을 통한 진실의 발견은 비록 의문의 형태를 띠지 않더라도 강문출 시의 주된 표정이 된다. 다음 시가 그 하나의 예일 것이다.

걸어가는 저 멀리 꽃 한 송이 피어 있다
눈부시다
무슨 인연 같다 생각하며 가까이 다가가니
새들이 날아가고
더 가까이 다가가니 벌들이 날아가서
마침내 혼자가 된 꽃이
작은 흉터까지 다 드러내놓고 내 그림자에 잠겨 빛을 잃었다
조금 떨어져 앉아 다시 보니
처음처럼 눈부시다
이만큼의 거리에서 다시 너를 보고 싶다

—「조금 떨어져 앉다」 전문

이 시가 주는 의미는 일상에 우리가 흔히 범하기 쉬운 고정관념이나 태도의 문제점을 지적하는 것일 게다. 우리는

흔히 꽃을 아름답다고 생각한다. 그것은 그냥 멀리 떨어진 상태로 대상을 바라보면서 다른 이들로부터 주입된 생각에 따라 생각하기 때문이다. 그런데 이 시의 시적 화자는 "더 가까이 다가가니 (벌들이 날아가서)/ 마침내 혼자가 된 꽃이/ 작은 흉터까지 다 드러내놓고 내 그림자에 잠겨 빛을 잃었다"는 사실을 발견한다. 이 가까이 다가가는 행위는 앞서 보았던 의문을 품는 것과 의미상 같다. 그에 따라 꽃이 아름답기만 한 것이 아니라 온갖 '흉터'를 가지고 있고 다른 존재와의 관계로 인해 '빛을 잃'기도 한다는 사실을 발견한다. 이는 꽃의 본질이나 생명이 무가치하다는 것이 아니라 자신의 평소 관념이 잘못 되었음을 자각하고 반성한다는 의미다. 그 깨달음이 있기 때문에 "이만큼의 거리에서 다시 너를 보고 싶다"는 적절한 거리 조정의 필요성에 대해 납득할 수가 있고 삶의 방식으로 정립할 수가 있는 것이다. 이는 삶과 존재에 대한 인식의 진전이다.

그렇기 때문에 비록 자신을 자학적인 모습으로 성찰하는 다음 시의 의미도 이와 같은 차원에서 음미할 필요성이 있음을 알게 된다. 그 시는 이렇다.

> 자생하는 바구미
> 쌀에 기생하는 나
>
> 단단한 쌀벌레처럼 내가 나를 감싸고 살았다 그 많은 쌀을 축내

며, 쌀에 목매어 단 한 번도 쌀독을 떠난 적이 없었다 쌀독이 나를 가둔 것도 아닌데 스스로 갇혀 있었다니

어디론가 기어가는 바구미
멀뚱히 내려다보고 있는 나

바구미들이 언젠가는 다시 살아와 내 독에 바글거릴 것이다 모르는 힘에 이끌려 내가 여기 서 있는 것처럼
상상만으로도 삶이 단단해질 때가 있다

—「쌀벌레」 부분

이 시는 앞의 「변신」의 연속선상에서 바라보아야할 작품이다. '쌀벌레'는 앞 시의 '밥벌레'와 그 의미상 크게 다르지 않다는 점에서 일상적 현실 속의 생존에 매여있는 자신의 삶에 대해 성찰하고 있는 것이라고 할 수 있다. 여기서도 시적 화자는 '바구미'라는 대상을 통해 자신의 존재성을 "단단한 쌀벌레처럼 내가 나를 감싸고 살았다 그 많은 쌀을 축내며, 쌀에 목매어 단 한 번도 쌀독을 떠난 적이 없었다 쌀독이 나를 가둔 것도 아닌데 스스로 갇혀 있었다니"라고 깨닫고 있다. 인간으로 태어난 삶에서 생존을 위해 쌀독에 갇혀만 지냈다는 인식은 자신의 실존에 대한 자책과 그러한 존재로 있는 자신의 현존재성에 대한 부정으로 보인다. 이는 물질적 생존의 차원에서 벗어나 앞의 '나비'로 상징화된

어떤 존재의 질적 비약을 꿈꾼다는 의미겠다. 그것의 구체적 모습은 이 시에서 나오지는 않는다. 그러나 현존재에 대한 자각과 그런 존재로의 비상을 꿈꾸는 것 자체가 진정한 삶을 위한 기획인 만큼 "상상만으로도 삶이 단단해질 때가 있다"는 놀라운 발언을 하게 된다.

이 언명은 참으로 번득이는 통찰이라 하지 않을 수 없다. 이 발언의 요지가 바로 우리 시대의 시의 기능으로서 위상을 말해주는 것이니 말이다. '상상'은 자신의 정체되고 부조리해진 삶의 모습을 재확인하고 그것에 대한 극복의 필요성을 의미한다. 앞의 내용에 따르면 발견을 통한 성찰에서 한 걸음 더 나아가는 것이다. 그래서 시대적 측면에서는 한 단계 나은 삶으로의 전진을 의미할 것이고 개인적 차원에서 보다 진정한 삶과 존재로의 비약을 의미할 것이다. 그리고 상상으로 삶이 단단해진다는 이것은 현실적 삶의 초월의 계기로서 시의 특성을 느꼈다는 말이기도 하는 셈이다. 때문에 다음과 같이 매우 서정적으로 자연의 한 현상을 두고 "지갑을 열어야 할 때 입을 열고 있으면 저녁이다// 한 마디 한다는 말이 꼬리에 꼬리를 물면 저녁이다// 상투적 은유에 스스로 도취되면 저녁이다// 작심하고 한 마디 했는데 말의 밑바닥이 훤히 들여다보이면 저녁이다// 훤히 보이는 세상이 메마른 사막 같다 싶으면 저녁이다// 인간이나 낙타나 사는 것이 별반 다르지 않다 싶으면 저녁이다"

(「저녁의 발견」)라고 말하는 것도 생에 대한 진지한 성찰 끝에 나오는 하나의 시적인 인식이다. 이 인식은 깊은 깨달음에 기초하고 있기 때문에 경구처럼 보인다. 이 정도의 언급이라면 그것은 삶에 대한 지혜를 넘어 존재의 본질에 대한 하나의 해명으로 보여진다. '저녁'이 갖는 상투적 생각을 넘어 우리의 생각을 보다 지고한 곳으로 이끄는 것. 이러한 점을 두고 볼 때, 시인 강문출은 꽤 깊은 철학적 사유를 시작을 통해 하고 있다고 말해도 되지 않을까?

따라서 "내 연금은 내 나라는 이 지구는 하는 뒤늦은 거창함에 놀라고 인내는 쓰고 그 열매도 쓰다는 젊은이들의 싱글족 대세에 혀를 끌끌 차다가 구습과 온고지신에 골똘하다가 바람이 일지 않아 세상이 잠잠해지기만을 기대하는 기성세대들의 천편일률에 놀라고 뚜렷한 해법도 없이 나잇살로 젊은이들을 짓누르는 내 안일에 또 놀라고"(「안일」)라고 자신의 일상적 삶의 나태함과 비속함에 대해 끝없이 반성적 인식을 가지는 것은 당연한 일일 것이다. 그때 일상 속에 고여 있는 자아는 자신의 진정한 추구의 대상이 아니기 때문에 비판의 대상이 된다. 그 점에서 의문과 발견, 그리고 놀라움과 반성을 통한 상상의 발휘, 그것이 이번 강문출 시인의 대체적 시의 풍경이자 도정인 것이다.

역설적 인식과 존재의 성화聖化

삶에 대한 의문과 성찰은 곧바로 역설적 인식으로 이어진다. 성찰은 두루 현실과 현실 너머의 진리에 대해 살피기 때문에 일면적 인식에 머무르지 않는다. 곧 다면적, 입체적 인식으로 나아가므로 세상의 상식이나 고정관념을 깨뜨리는 역설적 상황을 만들기도 하고 이런 상황을 쉬이 납득하기도 한다. 강문출 시인의 이번 시집에서 주요한 기법 하나를 들자면 바로 역설이다. 다음 시가 바로 그와 같은 전형적인 작품이다.

> 닥나무가 자신의 모든 기억을 지워버렸을 때
> 비로소 종이가 되는 것이다
>
> 풀어헤친 몸에서
> 한 방울의 물까지 떨쳐버렸을 때이다
>
> 이런 아픔이 있어
> 누구의 이야기나 담을 수 있고
> 한 방울의 눈물에도 허물어지는 것이다
>
> 종이 얇다고 함부로 마라
> 억눌리고 창백한 자의 가슴 가장자리에도 벼린 한칼 있으니!
>
> —「종이」 전문

역설은 모순어법을 가리키는 것이기도 하지만 일반적 상식을 깨뜨렸을 때 발생하는 것을 가리키기도 한다. 이 「종이」는 존재에 대한 일반적 관념을 무너뜨리고 있는 점에서 역설이 되고 있다. 즉, "닥나무가 자신의 모든 기억을 지워버렸을 때/ 비로소 종이가 되는 것"이라든지, "풀어헤친 몸에서/ 한 방울의 물까지 떨쳐버렸을 때" 종이가 된다는 표현은 우리의 생명에 대한 상투적 관념을 깨뜨리고 있다는 점에서 역설이다. 존재로서 모든 기억을 지워버리는 것은, 그리고 자신의 몸에서 한 방울의 물까지 떨쳐버리는 것은 자신의 존재성을 상실하는 것으로 보통은 부정되는 현상이다. 그런데 이 시에서 그것은 오히려 '종이'라는 진정한 존재로의 재탄생을 의미하는 행위로서 긍정된다. 일면적 차원에서 보자면 부정적인 것이 어떤 전체적 차원에서 보면 긍정적이고 의미 있는 것으로 전화되는, 가치의 전도 현상을 보여주고 있는 것이다. 이후 이러한 표현은 '종이의 얇음이 오히려 칼'이 되는 현상을 말하는 데에서도 같은 의미를 발생시킨다. 얇음은 일상적 차원에서 연약하고 부서지기 쉬운 상태를 말하지만, 얇음 그 자체가 '칼'로 작동하여 오히려 강함과 날카로움의 표상으로 정립될 수가 있다.

이러한 일상적 인식의 부정이나 깨뜨림은 종합적이고 전체적인 인식의 필요성을 불러내기 위한 방법이다. 시에서 종이는 나무와 다른 범주의 존재다. 나무에서 종이로의 변신은 단순한 형상적 변화가 아니라 층위를 달리하는 초월적이고 비약적인 변신이다. 앞의 시 「변신」에서 애벌레가 나비로 바뀌는 것과 같은 존재의 질적 전화의 모습이라 할 수 있다. 이러한 변화에 대한 인식은 일면이나 단면에 사로잡혀 보다 더 큰 차원의 진실을 보지 못하는 경직된 인식을 깨뜨리기 위함이다. 경직은 고정이고 정체이며 죽음이다. 문학적 상태로 말하면 아무 의미를 발생시키지 못하는 무의미의 덩어리다. 인간은 세계 속에 숨어있는 진실을 파악하여 삶의 의미를 획득하는 데에 그 존재 가치가 있다. 그러기 위해서 부단히 자신의 내부에 깃들여 있는 고정관념과 타성을 깨뜨려 진실을 보는 눈을 뜨게 해야 한다. 강문출 시인은 이 점을 잘 알고 있어 사람이라는 존재성에 대해 깊이 숙고한 후 다음 작품과 같은 역설적 언명을 하게 된다. 그 작품은 이렇다.

사람이 죽지 않는다면

무한한 시간이 너무 좋아 잠도 오지 않을 것이다 하고 싶은 것 다 해보고 먹고 싶은 것 다 먹어보고 가고 싶은 곳 다 가보고 마침내 원도 한도 없이 다 해보아 이제는 죽어도 좋다 싶을 때

시간이 무한정 있으면 어쩌겠나 뭘 해도 그것이 그것 같고 뭘 먹어도 그 맛이 그 맛 같고 어딜 가도 그곳이 그곳 같다면 어쩌겠

나 하는 것을 접고 먹는 것을 접고 가보는 것을 접는 수밖에
죽지도 않는데 숨은 쉬어서 뭘 하겠나 살아 있음을 증명하는
요긴한 기능들이 다 퇴화했으므로 마침내 억겁

잠자는 한 개의 바위가 되는 것이다 그러다 어느 날 쾅, 천지가
개벽하면 억만년을 날아 다른 별나라에 가보는 것이다 그곳에서
태초에 몸이 있으라 하니 몸이 생긴 것처럼 잠에서 깨어 새롭게
살아보는 것이다

사람도 죽지 않는다면 한 개의 바위가 되는 것이다

—「바위」 전문

이 시의 핵심은 사람이라는 존재에 대한 성찰이다. 그 성찰의 중심은 이 지상의 모든 존재라면 가질 수밖에 없는 '죽음'에 대한 역설적 사유다. 시적 화자는 "사람이 죽지 않는다면"이라는 가정을 전제한 뒤 발생할 수 있는 여러 현상을 말하고 있다. 이 표현들 자체에 숨어있는 의미는 죽고 싶지 않는 존재의 비원을 함축하는 것인데, 그러나 시적 화자는 죽지 않을 수 없는 것을 알고 있기 때문에 죽음에 대해 납득하기 위해, 즉 사물과 존재의 본질을 인식하기 위해 보다 넓은 거시적 차원에서 죽음의 문제를 바라보려고 한다. 그때 제기하는 "사람도 죽지 않는다면 한 개의 바위가 되는 것이다"란 역설적 결론은 죽지 않으려는 인간의 표피

적 인식과 노력은 결국 바위와 같은 무기적 존재로의 전락과 다름없으니 죽음에 대해 보다 다른 인식이 필요하다는 전언이다. 일상적 차원에서 사람들은 죽지 않으려고 하고 영원히 사는 것을 갈망하는데, 그 갈망과 노력이 하나의 바위와 같은 것으로 떨어지고 만다는 표현은 인간의 일면적 욕망이 얼마나 헛되고 무가치한가를 질타하는 경구로 작용한다. 역설이 깨우침의 경구가 되는 것이다.

그 점에서 강문출 시인 스스로 인간 존재에 부과되어 있는 죽음에 대해 어떤 자세를 가져야 할지를 부단히 사유함으로써 존재의 본질에 대해 접근하고자 노력하는 것을 보여준다. 이는 이 세계의 무정형에 대해 정형과 질서를 찾아 그 존재의 의미를 부여하는 예술의 기능을 시인이 의식하고 있다는 말이 된다. 자신의 일상에 드리워진 존재의 문제에 대해 성찰함으로써 보다 큰 존재로의 발전되어 갈 수 있는 방법을 시적 인식을 통해 탐색하고 있다는 뜻이다. 때문에 다음과 같은 시적 표현, 가령 "나무가 여행한다는 말에 많이 놀라셨죠. 몸이 가도 마음이 가지 않을 때가 있는 것처럼 마음이 가도 몸이 가지 않을 때가 있는 법이죠. 새를 키워 보냈으니 새를 따라 갈 수 있고, 다람쥐를 키워 보냈으니 다람쥐를 따라갈 수 있죠. 또 바람을 쉬어 보냈으니 바람을 따라 갈 수 있고, 빗방울을 앉혀 보냈으니 빗방울을 따라 갈 수 있죠."(「나무 여행법」)를 통해 우리의 고정관념을 깨뜨리는 역설적 표현으로 놀라운 나무의 존재방식을 이야기한다든지, "참새는 인간이 사는 곳에 살고/ 인간이 없는 곳에도 산다//〈중략〉// 곳간이 없어 놀고/ 곳간이 없어 일한다"(「참새」)를 통해 역설적이게도 곳간이 없어 자유로운 참새의 존재방식을 말함으로써 사람으로서 갖는 존재방식이나 인식이 전부가 아님을 놀랍게 일깨워준다.

이러한 인식에 올라서게 되면 세계는 단순히 인간의 생활을 영위하는 공간이 아니라 존재의 의미를 찾는 도량이 된다. 세계가 성스러운 장소로 바뀌어 정형과 질서의 아름다움을 빚어내는 근원이 된다. 그 세계 속의 자아 역시 성스러운 존재로 질적 비약을 이룸은 당연하다. 다음 시편들이 바로 그와 같은 것이지 않을까? 시인 강문출이 가닿고 싶어하는 세계와 존재의 형상일 것이다. 그 시들은 이렇다.

춥다, 비가 눈이 되어 내린다
내가 저를 좋아하는 걸 알아
저도 날 젖지 않고 가라고 배려하는 것이다

눈 많은 나라에 간 아이에게서 문자가 왔다
눈길 조심하라고
나도 눈길 조심하라고 답을 보냈는데

미쁘다, 가만가만 바닥에 내려와

흔한 발자국을 귀하게 감싸 안는
눈송이 같은 말

마음 깊은 곳이 꽉 차서 함부로 넘어지지 않는
낮은 무게중심의 말

집에 들어오니 옷에 붙은 눈이 녹고 있다
저를 생각해주는 내가 고맙다고
내가 젖지 않고 집에 도착해 다행이라고 울고 있다

—「낮은 무게중심의 말」 전문

더는 자신을 지지할 수 없을 때

수련은
물의 평지에다 커다란 제 손을 내려놓는다

내가 온종일 헤매다
늦은 밤 방바닥에 등을 붙이는 일처럼

높낮이가 없어 큰 갈등 없는
공중도 지하도 아닌 정거장 같은
누구나의 발돋움에 디딤돌이 되어주는

수면과 지면,

이 두 바닥을 수련은

손과 발로 꽉 붙들고 있다

—「물의 평지」 전문

참으로 아름다운 작품들이다. 시인 강문출이 속악하고 불모성이 넘치는 당대 후기자본주의 사회에서 이와 같은 작품을 써 진정한 삶과 존재 방식이 어디에 있는가를 탐문해 보여주고 있는 점은 예사롭지 않다. 시인으로서 인식의 측면에서나 기법의 측면에서 그 내공이 만만치 않음을 이 시들은 여실하게 보여주고 있기 때문이다.

우선 「낮은 무게중심의 말」이 갖는 의미다. 이 시 역시 일상 속에서 놓여 있는 사물의 의미를 역설적 인식을 통해 새롭게 발견하고 거기서 삶의 의미를 체득하고 있는 모습을 보여준다. 시의 전언은 두 가지가 병치되면서 그것들이 화학적 결합을 통해 놀라운 의미를 형성하는 데에 있다. 시적 화자는 먼저 "눈 많은 나라에 간 아이에게서 문자가 왔다/ 눈길 조심하라고/ 나도 눈길 조심하라고 답을 보"낸 기억을 간직한 채, 현재 상태에서 "춥다, 비가 눈이 되어 내린다"의 경험을 하고 있다. 두 가지 경험이 하나의 성질로 집약되는 것을 보여준다. 때문에 이때 "내가 저를 좋아하는 걸 알아/ 저도 날 젖지 않고 가라고 배려하는 것이다"의 대상은 '눈'이지만, 더 가만히 들여다보면 눈 많은 나라에 가서 아버지를 걱정하는 '아이'일 수도 있는 것으로 나타난다. 그리하여 아이의 마음이 녹아들어간 눈은 아버지로 하여금 넘어지지 않게끔 "가만가만 바닥에 내려와/ 흔한 발자국을 귀하게 감싸 안는/ (눈송이 같은) 말"이 된다. 다시 말해 시의 제목이 되고 있는 "마음 깊은 곳이 꽉 차서 함부로 넘어지지 않는/ 낮은 무게중심의 말"이 되는 것이다. 이 부분의 표현은 아들의 말에 감동해, 다시 말해 "미쁘다"고 느껴 그것을 소중히 여기는 아버지의 애틋한 사랑이 중심이 되어 전개되고 있다. 그런데 여기서 초점은 아버지의 기억에 들어있는 아이의 말이 바로 '눈'으로 내려 아버지의 안녕한 귀가를 도와주는 것으로 그려지고 있다는 사실이다. 눈과 아이의 동일시를 통한 세계의 성화가 이루어지고 있는 셈이다. 그러한 인식이기 때문에 "집에 들어오니 옷에 붙은 눈이 녹고 있다/ 저를 생각해주는 내가 고맙다고/ 내가 젖지 않고 집에 도착해 다행이라고 울고 있다"는 물활론적物活論的 표현은 너무나 자연스럽다. 아이의 혼이 접신된 눈은 아버지의 안녕함에 울고 있다고 볼 수 있고, 이를 알아채는 시적 화자의 마음도 거기에 연동해 떨고 있다고 볼 수 있는 것이다. 이러한 발상과 시적 표현은 보는 독자의 마음까지 울컥 울리게 한다는 점에서 놀랍고 놀라운 일이다.

눈이 멀리 떨어져 있는 아이의 화신化身으로 탄생할 수 있는 것은 시의 세계에서나 가능하다. 질적 비약이나 마찬가지로 이 또한 역설적 인식을 통한 진실의 발견이자 세계의 성화다. 이 점은 「물의 평지」에서 더 잘 드러난다. 이 시에서 수련은 “더는 자신을 지지할 수 없을 때”의 한계상황에 다다랐을 때 비로소 평정이라 할 수 있는 “물의 평지에다 커다란 제 손을 내려놓는다”. 이 상황 자체가 세상의 이치로 볼 때 역설에 해당하는 것으로 그 경지는 사뭇 보통의 인간으로서 점치기 어려운, 즉 “높낮이가 없어 큰 갈등 없는/ 공중도 지하도 아닌 정거장 같은/ 누구나의 발돋움에 디딤돌이 되어주는” 수준으로 나타난다. 생의 온 힘을 쏟아야만 도달할 수 있는 이 경지는 수련에게 “수면과 지면,// 이 두 바닥을 수련은/ 손과 발로 꽉 붙들고 있”는 것으로 형상화되고 있는 것이다. 참으로 절제와 긴장이 교차하면서 존재의 아스라한 격조를 느끼게 하는 이 구절은 삶의 신산고초와 여유를 여러 방면으로 겪지 않고는 쉬이 표현할 수 없는 향취를 보인다. 이 경지에 이른 눈으로 세계를 바라보면 모든 것은 자신의 존재성을 갈고 닦게 하는 신성한 도량이 된다. 그리고 거기에 놓여있는 생명들은 세계의 승화를 재촉하는 성스러운 존재가 된다.

때문에 시인이 이 연꽃과 관련된 다른 시에서 “스스로의 고립은/ 그 극복을 위한 안거// 해제는/ 시간에 순응할 것”(「연꽃에게」) 등의 표현을 통해 생의 잠언을 구하는 것은 존재의 성화를 위한 자신의 묵상이나 영적 단련의 행위일 것이다. 영적 존재로의 초월이 세계의 성화에 부응하는 일이자 존재의 성화임을 자각하고 있다는 말이 되겠다. 따라서 존재의 본질에 대해 의문을 표하는 구절, 즉 "알 수 없는 당신의 사랑법에 대해/ 잎들은/ 어찌 알아 저리도 필사적인 것일까"(「필사적인」)에서의 제목이 갖는 '필사적인' 의미는 죽음이라는 한계성을 지닌 존재가 자신의 취약성을 벗어던지기 위해서 정말 자신의 전존재성을 걸고 사투를 벌여야만 된다는 점을 보여주는 것이라 할 수 있지 않을까? 강문출 시인은 적어도 이를 알고 있고, 그것을 당대적 삶에 대응하여 시로 실천해야 한다는 점까지 자각하고 있다. 시로 존재의 의미와 그것의 승화를 추구하는 데에 '필사적인' 태도를 보인다면 그 시는 이미 동시대적 문제성을 지닌 것으로 볼 수 있다. 그 점에서 시인 강문출의 시적 도정과 풍경이 계속 우리의 호기심을 자아내게 하는 것은 당연한 일이다. 시적 긴장이 유지되는 이후의 시들을 볼 수 있기를 바라는 마음에서 그의 건필을 기원해본다.